# COLONISATION DE LA GUYANE.

# OBSERVATIONS

## SUR LE PROJET

de MM. Jules Lechevalier, Henri Sauvage et Adolphe de Saint-Quantin,

POUR LA

# COLONISATION DE LA GUYANE

PAR

## T.-F. RONMY,

PRÉSIDENT DU CONSEIL COLONIAL DE CETTE COLONIE.

**PARIS,**

IMPRIMERIE DE SCHNEIDER ET LANGRAND, RUE D'ERFURTH, 1.

JUIN 1845

# OBSERVATIONS

## SUR LE PROJET

de MM. Jules Lechevalier, Henri Sauvage et Adolphe de Saint-Quantin,

### POUR LA

# COLONISATION DE LA GUYANE.

## I

**Principales conditions proposées pour la formation de la compagnie de colonisation.**

Pour suivre la discussion dans laquelle nous allons entrer sur le projet de MM. Jules Lechevalier, Henri Sauvage et Adolphe de Saint-Quantin, il serait nécessaire d'avoir sous les yeux les écrits publiés par eux.

Ces écrits sont :

1° Pièce n° 3, intitulée : *Nouvelle Proposition*.

2° Pièce n° 4, intitulée : *Système financier, indemnité*.

3° Pièce n° 5, intitulée : *1° Organisation générale, plan d'exploitation; 2° Organisation générale, règlement de travail*.

4° Pièce n° 6, intitulée : *Opérations préliminaires*.

Toutefois, pour les personnes qui ne les auraient pas, nous résumerons ici les principales conditions de la formation de cette compagnie, telles qu'elles sont exposées dans le rapport de M. Vidal de Lingendes au conseil colonial de la Guyane (1), faisant cependant observer que si l'on voulait vérifier les citations de chiffres, il faudrait nécessairement avoir recours aux ouvrages mentionnés plus haut.

« Les propriétaires de la Guyane s'associeraient
« entre eux sous le patronage du gouvernement et
« formeraient une compagnie.

« Le plan d'organisation et les règlements de la
« compagnie seraient débattus et arrêtés par les pro-
« priétaires associés de concert avec le gouverne-
« ment.

« La compagnie s'administrerait par elle-même
« sous la surveillance du gouvernement.

« Les esclaves de la compagnie seraient libérés ;
« mais ils resteraient soumis pendant une période de
« quinze ans, plus ou moins, à un règlement de tra-
« vail établi par la compagnie avec le concours du
« gouvernement.

« Les propriétés de chacun des associés, terres,
« usines et esclaves, entreraient dans la formation du
« capital de la compagnie, au prix d'une estimation
« faite contradictoirement entre le gouvernement et
« les colons.

« L'Etat garantirait à la compagnie, sur la somme
« totale desdites propriétés mises en société, *un mini-*
« *mum de revenu net de 4 p. 0/0* pendant 46 ans 324 jours,

(1) Ce rapport fait par une commission du conseil, à la majorité de deux voix contre une, est terminé par l'opinion contradictoire du membre opposant.

« équivalent à un revenu net de 5 p. 0/0 à perpétuité.

« Cette garantie peut être réalisée en capital au-
« dessus du prix de 80 p. 0/0, valeur à Paris, ou 88
« p. $^o/_o$, valeur à Cayenne.

« L'Etat donnerait la même garantie sur une
« somme égale en valeur *au quart* de la précédente,
« pour donner à la compagnie les moyens de former
« *un fonds de roulement* et d'exploitation, et de couvrir
« les dépenses d'amélioration et de recrutement.

« La compagnie, étant constituée, *centraliserait ses*
« *moyens d'action sur les terres les plus fertiles et dans les*
« *localités les plus favorables ;* elle améliorerait et aug-
« menterait les cultures, l'exploitation des denrées,
« etc. ; elle introduirait à la Guyane de nouveaux tra-
« vailleurs, des machines, des appareils perfection-
« nés ; enfin elle développerait, autant que possible,
« les ressources qu'offre le pays. »

Ce résumé, très-favorable au projet, est dégagé de
tous les détails d'exécution plus ou moins extraordi-
naires que nous avons indiqués. Mais voulant attaquer
l'opération au *fond*, et non dans ses détails, nous ac-
ceptons la rédaction de ce document, tout en nous ré-
servant de citer textuellement certains passages des
autres écrits.

## II

### De la convenance pour les planteurs de la formation de la compagnie de colonisation.

Dans la question de l'association des colons de la

Guyane pour former une compagnie de colonisation, il y a plusieurs intérêts en présence :

1° Celui des grands propriétaires en petit nombre (1) ;

2° Celui des petits propriétaires, qui forment la masse de la population ;

3° Celui des propriétaires endettés ;

4° Celui des auteurs du projet.

Examinons le projet sous ses différents points de vue.

Les grands propriétaires, une partie même des petits propriétaires dont la fortune est liquide, adoptent avec chaleur un système qui leur permet de la réaliser.

L'espérance des colons se tourne toujours vers la France ; et s'ils travaillent avec tant d'ardeur, s'ils affrontent avec tant de courage les dangers d'un climat inhospitalier, c'est dans le but d'aller jouir de quelques années de repos dans la mère patrie. La formation de la compagnie réalise d'une manière très-avantageuse le plus ardent de leurs vœux ; ils doivent donc accueillir, comme ils le font, cette chance inespérée de salut.

Ce n'est pas dans l'intérêt de la colonie qu'ils adhèrent, c'est au contraire pour l'abandonner à ses dangers. Mais on ne peut les en blâmer, car les dan-

---

(1) Cette désignation *de grands propriétaires* n'est que relative : les grands propriétaires d'un petit pays ne seraient en général que de très-petits propriétaires dans un grand. Ceux que nous désignons ici sous ce titre pourraient peut-être réaliser de deux à quatre cent mille francs, et on en compterait à peine six ou huit.

gers qu'ils veulent fuir sont l'anéantissement de leurs biens et la ruine de leurs familles.

Le petit propriétaire, au contraire, comprenant qu'il est attaché au sol par l'impérieuse loi de la nécessité, doit examiner sous un autre point de vue les conséquences. Il prévoit, comme le grand propriétaire, une catastrophe, mais il ne peut s'y soustraire. Il doit donc protester de toutes ses forces contre tout ce qui peut l'y conduire. Que deviendra-t-il, en effet, ce pauvre habitant qui cultive ses plantages avec huit ou dix esclaves dont il partage les fatigues? Maintenant il vit sur sa terre : il y trouve la pêche et la chasse; par la culture, il recueille les vivres nécessaires à sa famille; le peu de denrées coloniales qu'il récolte suffit pour donner de l'éducation à ses enfants. Eh bien, que sa propriété soit estimée 20,000 fr., je suppose, il aura 600 fr. de rente à perpétuité : c'est à peine ce qu'il faut pour ne pas mourir de faim.

Mais on dit : La compagnie n'a aucun intérêt à se rendre acquéreur, *soit des habitations particulières, soit des jardins potagers, fruitiers*, etc., qui entourent les habitations (p. 80).... c'est-à-dire qu'elle prendra ce qu'elle voudra, et laissera au petit habitant sa case, son jardin, après lui avoir enlevé les moyens de le cultiver, puisqu'elle veut *concentrer tous les nègres sur la grande culture*.... On dit encore que le petit propriétaire trouvera de l'emploi pour lui et les siens dans les habitations de la compagnie. *On promet des places à tout le monde*.... Ceci est vraiment une dérision. Comment trouver place sur les quarante-trois habitations pour tous les hommes, toutes les familles, qui sont répartis sur les quatre ou cinq cents qui existent à présent?

Ces petits propriétaires blancs, noirs, mulâtres, forment la population la plus intéressante de la colonie; ils ne sont pas, ils ne peuvent être représentés aux élections ni au conseil colonial; il n'y a aucun moyen de les consulter. Un grand nombre même ne saurait comprendre la portée des changements qu'on propose. C'est donc pour eux surtout que l'on doit examiner avec soin les conséquences du changement radical qu'on voudrait introduire dans la Guyane, et du contact d'une compagnie puissante qui aurait le monopole du travail.

Pour obtenir l'adhésion des colons grands et petits, on leur dit que l'émancipation approche et va les ruiner complétement; c'est là l'argument qui a jeté la consternation dans le pays.

Pour obtenir un assentiment à une utopie on emploie une menace de mort.

Personne ne met en doute qu'une émancipation, de quelque manière qu'on la pratique, ne porte une profonde atteinte à la production et à la propriété; eh bien, de tous les moyens qui ont été proposés, il n'y en a pas un qui ne soit préférable au projet d'association (1).

La Guyane ne veut pas séparer son sort de celui

(1) Qui n'est autre chose, assure-t-on, que le phalanstère de Charles Fourrier.

des autres colonies ; elle croit que le gouvernement, à l'inverse de ce qu'a fait l'Angleterre, ne détruira pas le travail esclave avant d'avoir établi le travail libre. Le projet de loi récemment présenté à la chambre des députés pour l'introduction des cultivateurs blancs aux Antilles, en est une preuve patente. On sait que le climat de la Guyane ne permettait pas aux Européens d'y cultiver la terre ; mais il y a d'autres races d'hommes qui y réussiraient ; et si le ministre n'eût pas été détourné par le projet de colonisation, il est probable qu'il aurait pensé à faire un pareil essai pour la Guyane avec des cultivateurs des Indes orientales.

Vient ensuite l'intérêt des propriétaires obérés : il est évident que leur ruine sera immédiatement accomplie : ce n'est, dit-on, que hâter un sort inévitable.

Il est cependant parmi eux une classe nombreuse qui mériterait des égards : celle de ceux qui sont en cours de perfectionnement et d'agrandissement. Les saisir au milieu d'opérations qui ne peuvent être productives que dans quelques années, ce serait les sacrifier comme les autres.

Enfin nous ne dirons qu'un mot des auteurs du projet.

Il est évident que des personnes qui auraient assez d'habileté pour faire adopter un plan aussi excentrique, ne resteraient pas en arrière pour s'y faire une position dans l'administration. Ils trouveraient là, que les opérations réussissent ou qu'elles échouent, des dédommagements suffisants. De nombreux exemples de compagnie en offrent la preuve.

## III

**De la convenance du projet pour le commerce en général, et en particulier pour les négociants actuellement établis à Cayenne.**

Il est évident que, puisqu'il n'y aurait plus qu'un seul producteur et qu'un seul grand consommateur : *la Compagnie*, il est évident, dis-je, qu'il y aurait monopole.

Il est futile de dire : *La compagnie fera tous ses achats et toutes ses ventes par adjudications....*

La force des choses fera bientôt tomber cette promesse. Les négociants établis dans le pays seront bientôt forcés de le quitter. Quels sont ceux, en effet, qui voudront risquer de n'y faire des affaires que sur les chances d'adjudication? Qui osera faire venir un navire et une cargaison dans l'espoir de le charger et faire les retours avec les denrées provenant d'adjudications qui peuvent lui échapper? Fera-t-on les adjudications un an d'avance pour permettre de lier des opérations? Mais les prix d'une année ne sont pas ceux de l'année suivante, et quel est le négociant qui voudrait courir de si grands risques?

Pour les achats, la chose est encore plus difficile. La plupart des achats de la compagnie se composeront de machines, usines, etc., qui ne peuvent être prises que dans certains ateliers spéciaux et connus. Ces acquisitions formeront la plus grande partie des dépenses pour lesquelles il ne pourra pas y avoir d'adjudications. Quelques approvisionnements de vivres seulement se prêteront à cette forme. Pour le reste de la consommation, pour tous les objets de menu détail, les marchandises sèches, etc., ce mode est impossible.

Les pacotilleurs, les aventuriers se garderaient bien d'aborder un rivage où il existerait de pareils obstacles, et la compagnie se trouverait ainsi et malgré *sa bonne volonté* obligée de pourvoir à tous les besoins locaux.

Le négociant faisancier disparaîtrait.

Le petit détaillant lui-même serait obligé de succomber sous le monopole, puisqu'il n'aurait plus le choix du négociant intermédiaire qui fait venir, directement de France, les objets nécessaires à son menu détail.

Ainsi, le premier résultat de la compagnie serait de détruire toutes les branches de commerce existant et de livrer la colonie à un monopole absolu. Elle vendrait les objets nécessaires à la vie au prix qu'elle voudrait fixer, et ce mal serait sans remède pendant tout le temps de sa durée.

Il faut bien l'avouer, ce monopole inévitable est la seule chance de bénéfice que puisse avoir la compagnie.

Qui peut se faire une idée du trouble et de la perturbation que l'établissement d'un pareil régime d'un pareil déplacement d'hommes et d'affaires, produirait dans un pays déjà organisé, où tant d'intérêts se croisent en tous sens?

On conçoit jusqu'à un certain point l'établissement d'une compagnie, d'une association, d'un *Phalanstère*, si l'on veut, dans un pays neuf où tout serait à importer, hommes et choses : mais ici ce ne serait que désordre, confusion, chaos.

## IV

### De la garantie à 4 pour cent par le gouvernement promise par les auteurs.

La base du projet, la pierre angulaire sur laquelle il repose, la condition à laquelle on doit l'adhésion de quelques personnes, c'est la promesse de la garantie par l'État d'un minimum d'intérêt de 4 pour cent sur la valeur réelle de la terre, des usines et des esclaves qui seraient apportés dans l'association.

Cette garantie permettrait en effet de réaliser à un taux raisonnable des propriétés si dépréciées depuis une vingtaine d'années par le progrès des idées abolitionistes et l'avilissement des denrées coloniales.

Les habitants en petit nombre, dont la fortune est liquide, acceptent avec enthousiasme une combinaison, qui leur offre la chance inespérée de se soustraire par l'émigration aux événements imprévus, ou plutôt trop bien prévus des suites d'une émancipation.

Mais, que cette garantie ne soit pas possible, ou même qu'elle paraisse douteuse, et les partisans du projet, qui, presque tous, n'ont été séduits que par cette seule promesse, deviendront bientôt ses plus violents adversaires.

Or rien n'indique, dans les écrits publiés jusqu'à ce jour, que le gouvernement ait examiné à fond cette demande de garantie.

Supposons toutefois qu'il ne l'ait pas repoussée dès l'abord, et discutons ici la probabilité de son adhésion *définitive*, et du vote favorable des assemblées législatives.

On sait avec quelle réserve, avec quelle scrupuleuse sévérité, les chambres s'occupent des questions d'argent. Un vote de garantie de 50 millions (4, *page* 55, *système financier*), éveillera donc toute leur sollicitude ; surtout pour une affaire concernant les colonies, lesquelles, en général, trouvent peu de sympathies dans leurs majorités. Les conséquences de cette garantie seront minutieusement étudiées ; et *il n'est pas possible d'espérer* que les assertions des auteurs du projet soient acceptées légèrement. Si les commissions n'acquièrent pas la preuve irrécusable que l'intérêt du trésor ne sera point gravement compromis ; si, au contraire, elles entrevoient quelques chances de non-succès, on peut être assuré d'un rejet pur et simple.

Nous allons entrer d'avance avec impartialité dans un examen auquel se livreraient nécessairement les commissions des chambres. Quelque inapplicable que nous paraisse d'ailleurs l'ensemble des combinaisons du projet, nous oublierons un moment toutes nos préoccupations, et nous nous placerons uniquement au point de vue du succès financier de l'entreprise.

Nous ne voulons point puiser nos arguments à d'autres sources que les écrits mêmes des auteurs du projet, écrits que nous avons cités plus haut.

A la page 64, pièce n° 4, *système financier*, nous lisons :

« La masse des propriétés de la Guyane, évaluée « à 40,000,000, produit aujourd'hui, à 8 pour cent, « la somme de 3,200,000 francs. Réduit à 4 pour « cent, ce revenu serait encore de 1,600,000 francs. « Ainsi lors même que l'effet de l'émancipation se- « rait de diminuer à toujours le revenu *de moitié*, l'É- « tat aurait encore, en adoptant le système de garan- « tie d'intérêt, une économie de 504,000 francs (1).

Et plus bas nous lisons dans une note.

« Dans la statistique officielle, la valeur des pro- « priétés de la Guyane n'est portée que pour « 36,000,000 ; le revenu annuel est évalué à 4 mil- « lions 500,000 francs.

Nous remarquons en effet au tableau de la page 240, lequel n'est qu'un extrait de la statistique officielle, publiée par le ministère, que le produit brut de la Guyane est de 5,717,475 francs, et le revenu net de 4,574,315 francs.

Les auteurs du projet paraissent donc fort réservés

(1) Ces 504,000 sont la rente que l'on suppose que le gouvernement aurait à payer pour l'indemnité ou pour l'affranchissement des esclaves, d'après le système de la commission des affaires coloniales (p. 64). Dans le système proposé ici, si le gouvernemeut garantissait 1,600,000 francs de rente, la colonie lui produisant 1,600,000, il n'aurait rien à payer et gagnerait effectivement 504,000 francs l'an.

en ne portant le revenu net qu'à 3,200,000 francs, et ils offrent une grande marge.

Mais discutons les chiffres.

Nous ne concevons pas que les erreurs grossières qui sont dans ce tableau aient pu échapper à des colons. Il n'y a de digne de foi dans ce document que ce qui sort du bureau positif de la douane, le reste est le fruit de l'imagination de quelque employé peu versé dans les matières coloniales.

Comment l'habile auteur de la statistique des colonies a-t-il pu admettre sans examen des résultats si éloignés de la réalité?

Où a-t-on vu en effet que la Guyane ait jamais produit pour 2,471,455 francs de vivres que l'on fait entrer dans son revenu? La Guyanne *n'exporte pas de vivres*; au contraire, presque chaque année, elle en reçoit des cargaisons du Para.

Les vivres qu'elle fournit se consomment sur les habitations, ne constituent point un revenu, et si l'on veut en tenir compte parmi ces produits, il faut au moment même les porter en dépense dans la faisance-valoir (1).

(1) Il y a environ treize mille cinq cents consommateurs des vivres du pays, hommes, femmes, enfants, vieillards; qu'ils consomment du couac, de la cassave, des bananes, etc., peu importe, nous réduirons le tout en couac pour que le calcul soit plus clair. L'un portant l'autre, ils ne peuvent manger plus de 200 kil. chacun, c'est donc en tout 2,700,000 kil. par année, lesquels, au prix moyen de 0 fr. 30 c., représentent une somme de 810,000 francs; mais cette valeur n'est point un revenu, puisqu'elle se consomme immédiatement par les producteurs.

Nous négligeons la consommation de la ville comprise dans le chiffre ci-dessus, comme peu importante.

C'est donc de prime abord une somme de 2 millions 471,455 francs, laquelle a été introduite, on ne sait ni pourquoi ni comment, dans la statistique, *à rayer* sur le revenu brut, ce qui le réduit à 3 millions 246,438 francs, chiffre que j'admets pour l'année 1836, chiffre que tout le monde doit admettre, parce que, disons-nous, il résulte des états de la douane.

Passant aux frais d'exploitation, nous voyons qu'ils figurent pour 1,143,502 fr.

Une note mise au bas du tableau dit avec raison qu'ils sont trop faibles; néanmoins nous les adoptons, quelque erronés qu'ils soient dans les détails.

Le revenu se trouve donc réduit à   2,102,936 fr. au lieu de . . . . . . . . . . . . . . 3,200,000

Si nous faisons les mêmes corrections sur le tableau des produits de 1840, où la valeur des vivres figure (page 240) pour la somme de. . . . 3,508,415 fr. nous trouvons que le revenu net de cette année n'est que de . . . . 1,000,452

Mais remarquons que la faisance-valoir est exagérée à 1,618,469 fr. (car, tout, excepté le produit en denrées coloniales, est erroné dans ce tableau) et portons-le comme pour 1836, à . . . . . . 1,143,502 fr. somme qui pourrait se rapprocher davantage de la réalité, il faudra augmenter le revenu net de . . . . 474,967

Ce qui le portera à . . . . . . . . 1,485,419 fr.

Et la moyenne des deux années 1836 et 1840
sera de . . . . . . . . . . . . . . 1,794,171 fr.
au lieu de . . . . . . . . . . . . . 3,200,000

Cette moyenne relativement au capital de 40 millions ne représente qu'un intérêt de 4 1/2 pour cent et non pas de 8 pour cent.

Mais pourquoi s'arrêter sur le revenu moyen de deux années? Nous voyons dans un document officiel publié en 1842 que la moyenne décennale des exportations de 1832 à 1841 a été de . . 2,529,430 fr. Déduisant de ce chiffre la moyenne de réexportation des marchandises françaises, laquelle y est comprise pour 116,230 on aura pour l'exportation des

denrées coloniales . . . . . . . . . . 2,419,200 fr.

Ce chiffre, qui représente *le revenu brut moyen* de dix années, est préférable à celui que nous avons donné plus haut, résultant seulement des deux années 1836 et 1840.

Retranchant de ce revenu brut 2,419,200 fr. la somme adoptée pour la faisance-valoir, soit . . . . . . . . . . . . . . 1,143,500

il reste pour le revenu net . . . . . 1,275,700 fr.
bien différent de celui annoncé. . . 3,200,000

C'est donc 3 1/2 pour cent au lieu de 8 pour cent.

*C'est à cela que se réduit actuellement le revenu net moyen de la Guyane.*

Mais était-il besoin de ces calculs pour des gens qui connaissent le pays ?

Où sont les habitations qui produisent 8 p. 0/0 de revenu ? On pourrait peut-être en citer cinq ou six qui sont dans des positions exceptionnelles : mais en revanche combien en citerait-on dont les produits couvrent à peine les dépenses ? Et combien d'autres s'endettent chaque année.

Il ne faut point attribuer à la prospérité du pays l'accroissement que prennent en ce moment quelques sucreries. Etant en perte chaque année, les propriétaires ont vu que le seul moyen de sortir de cette situation était de s'agrandir, parce que certains frais considérables restent les mêmes en présence d'un accroissement de main-d'œuvre qui doit augmenter les produits.

Si le *statu quo* eût été tenable, ils se seraient bien gardés de courir de si grands risques.

Avouons-le donc, la colonie ne fait pas 8 p. 0/0 de revenu ; elle ne peut atteindre 4 pour cent que dans les bonnes années ; et il en sera ainsi tant que le sucre ne vaudra pas 25 fr. et que les autres denrées ne se seront pas relevées dans la même proportion.

Mais si nous ne faisons pas 4 pour cent, que fera la compagnie quand elle sera en possession de nos propriétés ?

Le premier effet de son administration sera le payement des salaires (page 159, *règlement du travail*), ils sont fixés, à raison de 0 fr. 40, par jour, à la somme annuelle de . . . . . . . 2,227,124 fr.

Certes ce salaire de 0 fr. 40, par jour, est très-modeste, et cependant

Report. . . . 2,227,124 fr.

vous ne pouvez le payer, puisque
vous n'avez pour y faire face que   1,275,200

Voilà déjà un déficit de . . . . .   951,924 fr.
ou plutôt de . . . . . . . . . . . .   2,951,924

puisque vous ne pourrez payer l'intérêt de 4 pour cent garanti par l'Etat.

Mais ce n'est pas tout : vous voulez fondre 343 habitations dans 43 d'entre elles (page 96, *plan d'exploitation*) ; sous un certain point de vue, je ne blâme pas cette mesure en principe ; mais il faut bien convenir qu'elle portera un grand trouble dans la production. Plus des deux tiers des cultures existantes seront abandonnées pour être reportées dans d'autres localités, où elles ne seront pas en rapport avant deux, trois et quatre ans. Toutes les usines à sucre seront détruites pour en construire d'autres plus considérables, ce sera l'affaire de plusieurs années (1).

Il n'y a donc pas d'exagération à admettre que pendant trois ans les revenus seront diminués *de moitié*.

Ramenant à cette hypothèse les calculs précédents, nous disons :

(1) Toutes les usines à sucre qui existent sont faites pour des ateliers de deux cents noirs environ. Pour ceux qui connaissent l'industrie sucrière, il est évident qu'elles ne peuvent servir à rien pour des ateliers de six cents noirs, tels qu'on les propose. Conserver ces usines, ce serait renoncer à tous les avantages de la centralisation.

Le revenu brut décennal qui était de      2,419,200 fr.
se trouve, par le fait de l'abandon
momentané de la moitié au moins des
cultures, réduit à . . . . . . . . .      1,209,600
Pendant cette période transitoire, les
dépenses ordinaires de faisance-valoir
restent les mêmes, les frais de déplacement venant remplacer certains
autres frais qui sont réduits.

Soit donc . . . .   1,143,502 fr.
ajoutant les salaires,   2,227,124
le total de la dépense
_______________
sera . . . . . . . . .   3,370,626
tandis que la recette
n'est que . . . . . .   1,209,600
La perte annuelle est
donc de . . . . . .   2,161,026
ou plutôt de . . . . . . . . . . . . .      4,161,026
en y comprenant les deux millions de
garantie que l'État sera obligé de
payer.

Où prendrez-vous pour couvrir ces pertes ? je sais
que vous avez *un fonds de roulement* de dix millions (1) ;
mais si vous y puisez pour payer les déficits annuels,
il sera bientôt absorbé.

De cet état de choses, résultera de suite la nécessité de réaliser la garantie de 4 pour cent, et le ministre des finances devra inscrire chaque année au

_______________

(1) Page 55, *système financier.*

budget des dépenses, une somme de deux millions pour la compagnie des colons de la Guyane ; et ce sacrifice de l'Etat n'empêchera pas la ruine de la compagnie ; car, ainsi qu'on vient de le voir, son fonds de roulement sera absorbé par les déficits, et il ne restera rien pour les améliorations projetées.

Passons maintenant à la situation financière de la compagnie après la période de transition, lorsqu'elle sera en pleine exploitation. Nous croyons avoir démontré plus haut que la compagnie ne pourra pas aller jusque-là : néanmoins, nous renonçons pour un moment à ce fait acquis pour supposer qu'elle a accompli tous les projets du perfectionnement, l'époque en est fixée à 1847 (page 104, *plan d'exploitation*) : c'est un ou deux ans trop tôt.

J'examine le tableau de production de 1847, j'en accepte tous les chiffres en ce qui concerne les denrées coloniales ; je veux bien admettre qu'on doublera le produit du sucre, même en n'augmentant les ateliers actuels des sucreries que d'un tiers de ce qu'ils sont (page 96). J'écarte pour le moment toutes les chances fâcheuses de l'application d'un nouveau système de travail, et je suppose au contraire qu'il doublera le produit en denrées coloniales, comme le porte le tableau indiqué. Le revenu brut pour l'année 1847, sera. . . . . . . . . . . . . . . . . . . 4,697,806 fr.
*Nous n'écartons que la somme de* 7,016,830 francs *indûment portée comme produit des vivres*, réduction sur laquelle nous reviendrons plus tard. Retranchant

24

Report. . . 4,697,806 fr.

de ce produit brut les 5,296,938 fr.
portés dans le même tableau pour les
frais d'exploitation et les salaires . .   5,296,938

il reste pour le produit net ( ta-
bleau de la p. 104). . . . . . . . . . .   1,600,870 fr.
au lieu de. . . . . . . . . . . . .   8,417,698

C'est-à-dire 4 p. 0/0 sur 40 millions, au lieu de 17 1/2, ou plutôt 3 2/10 p. 0/0 sur 50 millions !

Ainsi, en supposant que le travail survive à l'émancipation et que les produits soient doublés, on n'aura que 3 2/10 p. 0/0 de revenu net, au lieu de 17 1/2 p. 0/0 annoncé, et on ne pourra pas même payer les 2 millions de garantie.

Mais, au contraire, si le travail *diminuait de moitié*, et c'est le résultat certain qu'on doit déduire de l'expérience anglaise (1), le revenu brut serait réduit au quart de ce qui est porté plus haut, c'est-à-dire à . . . . . . . . . . . . . . . . . . . . . 1,139,452 fr.

Et il ne suffirait plus pour payer   5,296,938
de faisance - valoir et salaire.

Il y aurait un déficit annuel de. .   2,147,486
ou plutôt de. . . . . . . . . . . .   4,147,486
car il ne faut pas oublier les 2 millions payés par l'Etat.

Et si enfin à ces chances malheureuses on veut

(1) A moins pourtant qu'on attende un résultat extraordinaire de quelque méthode encore inconnue, telle peut-être que le travail attrayant que Charles Fourrier avait proposé d'introduire dans la Guyane dès 1828 (*Revue coloniale de juillet* 1828).

ajouter celles de l'application au règlement de travail tel qu'il est exposé dans la pièce n° 5, les hommes-pratique penseront peut-être comme moi que le revenu brut sera à peu près nul, et que le déficit égalera les frais annuels d'exploitation.

Mais écartons cette prévision, qui n'est qu'une opinion particulière, et restons dans la dernière hypothèse, qui est déjà trop désastreuse.

De tout ceci, il résulte évidemment que le gouvernement, mieux éclairé, ne demandera jamais la garantie de 4 p. $^\circ/_\circ$ aux chambres.

Mais, dit-on, le gouvernement, voulant l'émancipation, doit en supporter les risques.

Je suis parfaitement de cet avis, et pourtant je désire plus que je n'espère une pareille justice.

Le gouvernement se contentera de donner une indemnité, et je crois qu'elle sera portée à un taux convenable ; mais je ne crois pas qu'il accorde jamais un minimum d'intérêt de 4 p. 0/0 sur des opérations aussi chanceuses que celles que vous proposez. Il dira, et au besoin les chambres diront : Vous avez demandé une garantie de 4 p. $^\circ/_\circ$, en nous assurant que vous produisiez 8 p. 0/0 et que vous en produiriez 17 1/2 ; l'examen prouve que vous nous induisez en erreur : nous n'accorderons rien.

Puisque c'est sur les chiffres mêmes de MM. Jules Lechevalier, Sauvage et Adolphe de Saint-Quantin que nous avons établi cette réduction, en retranchant seulement des tableaux statistiques les produits en vivres, il est nécessaire que nous revenions sur cette question, sur laquelle repose une grande partie de notre argumentation.

Il paraîtra si extraordinaire que l'on ait grossi d'une manière aussi excessive les revenus de ce petit pays, que cela demande une explication péremptoire et qui ne puisse laisser exister aucun doute.

En rédigeant le tableau de la p. 104, les auteurs du projet ont si bien senti le côté faible de cette miraculeuse production, qu'ils ont cru devoir prévenir dans une note « qu'ils reconnaissent bien que ce « chiffre était évidemment trop élevé, mais qu'ils « l'adoptaient parce qu'il est inscrit dans la statis- « tique officielle. »

Ils n'auraient pas dû s'arrêter à cette considération puérile ; ils devaient, avant d'accepter ce chiffre monstre de 7 *millions de francs*, lequel représente *les 2/3 du revenu brut qu'ils annoncent*, remonter à la source de cette énormité.

Ils auraient vu de suite qu'ils le faisaient produire *par* 1,000 *individus :* ce serait donc 7,000 fr. par nègre ; ou si l'on veut considérer qu'une population de 1,000 personnes n'en donne guère que le tiers ou 353 au travail journalier de la terre, c'est 21,000 fr. par nègre travaillant, ou 67 fr. 70 c. par journée de travail (1).

(1) Si mille nègres pouvaient produire 7,000,000 en vivres, marchandise qui trouve toujours un débouché aux Antilles, pourquoi n'y pas employer treize mille cinq cents nègres? Le revenu brut serait de 94,000,000 fr. En se donnant la peine de faire quelques calculs, on aurait vu que tous les nègres de la colonie ne consomment, année commune, que pour environ 800,000 francs de vivres, laquelle somme ne doit figurer ni en recette, ni en dépense.

Y a-t-il une culture au monde qui donne un pareil résultat ? n'était-il pas évident que c'était une erreur grossière.

Mais il n'était pas même nécessaire d'entrer dans tous ces détails pour faire voir que tous ces beaux dividendes bénéficiaires étaient des rêves ; quelques considérations générales auraient suffi.

Les intérêts des capitaux engagés dans des entreprises industrielles qui ont leurs analogues dans d'autres localités, ont toujours des limites que leur oppose la concurrence ; tout l'avantage qu'une colonie peut espérer sur telle autre ne peut résulter que de son climat, de meilleures conditions de main-d'œuvre ou d'exploitation... tout cela se réduit à bien peu de chose.

Ainsi promettre maintenant 17 1/2 pour cent dans une affaire coloniale, c'est dire que les autres colonies approchent de ce résultat, ou, pour mieux dire, approcheront de ce résultat, après l'émancipation ; c'est donc proclamer une erreur évidente pour tous ceux qui connaissent la situation présente et savent apprécier la situation future des colonies.

Je ne sais ce que produisent maintenant les Antilles ; j'ai démontré plus haut que la Guyane ne produisait, d'après le tableau officiel qui donne la moyenne de dix années, que 3 1/2 pour cent du capital employé ; et qu'après l'émancipation et les changements de culture que propose la compagnie, on devait s'attendre à des pertes énormes, pendant les premières années.

Une autre considération vient encore confirmer tout ce que nous avons dit sur l'inanité des calculs qui promettent des produits annuels de 11,000,000 de francs (pages 162 et 163).

On dit qu'on opère sur un capital de 50,000,000, dont l'État garantit l'intérêt, tandis qu'en réalité on n'opère que sur le fonds de roulement de 10,000,000 de francs qu'on suppose que le gouvernement accordera en sus de la valeur de la Guyane.

En effet, la première opération annoncée est l'abandon de trois cent quarante-huit habitations pour concentrer les moyens d'action sur quarante-trois autres (page 96, *plan d'exploitation*).

C'est donc abandonner les 9/10 des terres actuellement cultivées, lesquelles figurent dans la statistique pour 6,255,000 francs.

Les 9/10 sont. . . . . . . . . . .  5,627,250 fr.

Les bâtiments d'exploitation, les usines, seront annihilés, non-seulement sur les trois cent quarante-huit habitations abandonnées, mais sur les quarante-trois conservées, parce que des machines qui servent sur de petites cultures ne peuvent plus être d'aucune utilité sur de grands établissements comme ceux qu'on se propose de former ; c'est donc d'après la statistique un autre capital de 10,000,000 devenu inutile ou ré-

Report. . . . 5,627,250 fr.

duit à zéro. . . . . . . . . . . . . 10,045,000

Mais la valeur des nègres n'est-elle pas aussi anéantie puisqu'on les émancipe et qu'au travail *gratuit* succède le travail *salarié*. Il y a plus, le salaire évalué à 2,227,000 francs étant plus considérable que l'intérêt du capital de 18,000,000 qui représente actuellement la valeur des esclaves, on pourrait dire que ce capital devient *négatif*.

18,476,000

Total des capitaux détruits.    34,148,250 fr.

Il ne reste plus de positif que la valeur des bestiaux.

Il est donc de la dernière évidence que la compagnie par suite de ses premières opérations n'a plus guère à sa disposition que le fonds de roulement.

Or comment avec un capital de 10,000,000 (qui d'ailleurs doit être absorbé par les déficits annuels), comment, dis-je, espérer atteindre un revenu brut de 11,714,736 francs?

Ces considérations nous dispensent de discuter les tableaux de répartition des revenus, lesquels ont tous pour point de départ le produit exagéré de 11,714,736 francs, et donnent de beaux dividendes bénéficiaires de 6,429,636 francs en sus des 4 pour cent payés. Il est en effet démontré qu'un projet qui est basé sur de si grandes erreurs est mal conçu

dans son ensemble et dans ses détails, et qu'il doit échouer devant l'examen approfondi du ministère et des chambres.

Cette garantie de 4 pour cent ne pouvant être accordée, que reste-t-il du projet? Ceux qui ne voient pas les conséquences sont aveugles.

Le premier et funeste résultat qu'il a produit est de séparer la Guyane des autres colonies.

Dans son exposé des motifs du projet de loi pour l'introduction des cultivateurs européens dans les Antilles, le ministre n'a fait mention de la Guyane que pour l'excepter. S'il n'eût été préoccupé par le projet d'association, eût-il négligé pour cette colonie un essai de travail libre, préliminaire, indispensable de son projet d'association.

Sans doute son choix ne se serait pas porté sur des Européens; mais il eût pu introduire des Coulis ou autres cultivateurs des contrées asiatiques, race d'hommes aussi facile à distinguer des nègres que les Européens eux-mêmes, et dont par conséquent l'essai n'offre pas le moindre inconvénient pendant l'esclavage. Un essai de ce genre aurait réussi puisqu'il a réussi à Démérari, et il pouvait avoir les conséquences les plus heureuses sans porter la moindre perturbation dans le pays. Ces hommes laborieux, introduits en petit nombre d'abord, en plus grand nombre ensuite, auraient habitué les nègres à voir des hommes libres travailler à la terre. Leur exemple aurait pu exercer une grande influence sur l'attitude que prendront les noirs au moment de l'émancipation, si redoutable, sous quelque forme qu'elle arrive.

Ainsi je regarde le projet comme un malheur public pour la Guyane, non pas par lui-même, puisqu'il doit avorter devant la discussion, mais par les conséquences de cette discussion même.

Le premier effet s'est déjà fait sentir dans l'exposé des motifs mentionné plus haut.

De plus, il jettera un mauvais vernis sur ce pays qu'on a voulu faire plus riche qu'il n'est, comme s'il était possible que la réalité restât longtemps cachée.

Son plan, mal conçu, qui détruit plus qu'il n'édifie, déconsidère par ses résultats négatifs les entreprises qui pourraient être proposées sur la Guyane : car on ne doit pas en désespérer tout à fait, si l'on opère sur d'autres bases, en procédant avant tout, et sur une grande échelle, à l'introduction de travailleurs libres, pris parmi les races d'hommes qui peuvent soutenir les travaux de la terre entre les tropiques.

Je ne serais point étonné que l'expression sincère d'une opinion qui réduit à leur juste valeur les éléments du projet et ses chances de réussite, ne servît de prétexte à quelques intéressés pour chercher à me dépopulariser parmi mes concitoyens et même me signaler à leur animadversion en proclamant que je déprécie mon pays.

Mais les hommes consciencieux comprendront que garder le silence en cette circonstance, c'eût été accepter la solidarité des conséquences. Pour moi, puisque j'ai cru découvrir des erreurs qui ont pu échapper à d'autres, j'ai pensé qu'il était loyal de les dénoncer d'avance, plutôt que d'attendre passivement ou qu'elles restent inaperçues, ou qu'elles soient découvertes par des personnes étrangères au pays qui pourraient alors s'en faire un arme nouvelle pour décrier les colons.

**RONMY,**
Président du conseil colonial
de la Guyane.

Cayenne, le 28 juin 1845.

Paris. — Imprimerie SCHNEIDER et LANGRAND, rue d'Erfurth, 1.